ALLOCUTION

PRONONCÉE DANS L'ÉGLISE DE BEAUVOIS

Aux Funérailles de Dame

MARIE-ANNE-JOSEPH PUCHOIS

VEUVE DERAMECOURT

Décédée à l'âge de 99 ans et 11 mois

PAR

M. L'ABBÉ BLONDEL

Curé d'Œuf

———

9 DÉCEMBRE 1869

———

ARRAS

TYPOGRAPHIE Vᵉ ROUSSEAU-LEROY, ÉDITEUR

RUE DES ONZE-MILLE-VIERGES

—

1870

ALLOCUTION

PRONONCÉE DANS L'ÉGLISE DE BEAUVOIS

Aux Funérailles de Dame

MARIE-ANNE-JOSEPH PUCHOIS

VEUVE DÉRAMECOURT

Décédée à l'âge de 99 ans et 11 mois

PAR

M. L'Abbé BLONDEL

Curé d'Œuf

9 DÉCEMBRE 1869

ARRAS

TYPOGRAPHIE Vᵉ ROUSSEAU-LEROY, ÉDITEUR

RUE DES ONZE-MILLE-VIERGES

1870

Malgré la longueur de ces touchantes funérailles et avant de répandre les dernières bénédictions de l'Église sur ce cercueil, je veux, Mes Frères, rendre un juste hommage à la mémoire de notre vénérable défunte. Nous n'avons plus à redouter son humilité si profonde et si simple à la fois ; repassons donc pour notre utilité à tous, cette longue vie si pleine de vertus et de bonnes œuvres.

Après ses parents, qu'une probité traditionnelle recommandait à la confiance des grands propriétaires, et dont elle ne parlait qu'avec le plus grand respect, c'est aux religieuses Ursulines d'Abbeville que Marie-Anne-Joseph Puchois rapportait le double bienfait de son instruction et de son éducation si chrétienne. Déjà Marie-Anne-Joseph avait quinze

ans, lorsque son père et sa mère quittèrent Ricametz
où elle était née, le 24 janvier 1770, pour venir ex-
ploiter la ferme de Beauvois : la précocité de son ju-
gement et le développement de ses forces physiques
la mettaient à même de rendre des services précieux.
Ses parents en firent généreusement le sacrifice en
présence d'un intérêt supérieur, et elle partit pour
Abbeville, avec une jeune compagne qui resta toujours sa meilleure amie.

La tâche des Ursulines d'Abbeville était facile.
Les parents de Marie-Anne-Joseph en avaient rempli
la partie la plus essentielle, et Dieu l'avait largement
pourvue d'intelligence et d'énergie. Ses progrès fu-
rent rapides ; cultivé par des mains habiles et dé-
vouées, son esprit s'enrichit bientôt des connais-
sances utiles aux personnes de son sexe et de sa
condition ; entée sur cette généreuse nature, déjà
transformée par l'éducation première et la pratique
des sacrements, la grâce s'épanouit librement. Aussi,
quand elle revint de pension, notre vénérable défunte était une jeune personne accomplie et une
chrétienne à toute épreuve. Laissez-moi ajouter
qu'elle a conservé toute sa vie le meilleur souvenir
de ses excellentes maîtresses. Combien de fois elle
raconta les efforts tentés par ses zélées institutrices
pour former leurs élèves à la pratique de la mortifica-
tion, de la charité, des vertus qui distinguent la femme
chrétienne ; à l'horreur du luxe et des folles dé-

penses ; à l'étude pratique de toutes les qualités qui font la bonne ménagère. Aux accents de sa voix, aux élans de sa reconnaissance, il était aisé de sentir combien elle avait apprécié, goûté, savouré les leçons des filles de sainte Ursule, et, pour qui l'a connue, il n'est pas moins facile de reconnaître que ces leçons sont devenues, jusque dans son extrême vieillesse, la règle de sa vie.

Cependant, Marie-Anne-Joseph était rentrée au foyer paternel ; elle n'avait pas achevé sa vingtième année ; son éducation distinguée, pour l'époque, son naturel réfléchi, ses qualités physiques relevées par un caractère heureux, la firent bientôt rechercher en mariage. Célestin Deramecourt fut préféré : c'était unir deux noms également honorables, également respectés, Marie-Anne-Joseph était digne de donner de nouveaux héritiers à une famille déjà fort ancienne dans le pays.

Ce serait traiter un sujet bien digne d'intérêt, et rester dans les limites de la vérité que de présenter maintenant Madame Deramecourt comme un modèle de l'épouse, de la veuve, de la mère, de la maîtresse et de la fermière chrétienne, en la comparant à la femme forte, dont nos Livres saints assurent qu'elle mérite d'être recherchée au loin et jusqu'aux frontières les plus reculées ; cette femme amie du travail, l'honneur de son sexe, la gloire et le bonheur de son mari, l'orgueil et l'amour de ses enfants, la mère de ses domestiques, la providence du pauvre, la consolation de l'affligé, cette femme enfin, qui répand le bien partout autour d'elle. Telle, en effet, a été Madame Deramecourt, dans la mesure des moyens que la divine Providence lui avait départis ; mais, outre qu'il faudrait laisser à un pinceau plus habile le soin de tracer un tableau si édifiant, le temps me permet à peine d'en esquisser les traits les plus saillants.

Disons d'abord que celui qui aurait suivi Madame Deramecourt, dans l'accomplissement des devoirs de sa profession, l'aurait vue poursuivant paisiblement et uniformément son œuvre, sans hésitation comme sans défaillance ; c'est qu'elle ne perdait jamais de vue les maximes de l'Évangile et les préceptes de la loi de Dieu, c'est qu'elle puisait dans sa foi et sa charité, la lumière sûre qui dirige la marche et la force invincible qui triomphe de tous les obstacles.

A l'égard de son mari, les prévenances, les attentions délicates, les marques de reconnaissance et d'affection, tels étaient les moyens employés par Madame Deramecourt, pour lui faire trouver, dans leur union, le vrai bonheur de la famille. Elle savait s'oublier elle-même, si les circonstances l'exigeaient : si parfois s'élevait quelque léger nuage, sa douceur, son calme inaltérable, fruit de sa raison et de sa vertu, le dissipaient à l'instant. Il est dit de la femme forte du livre des Proverbes qu'elle mérita les respects et reçut les louanges de son mari, il est juste de dire aussi que Célestin Deramecourt sut apprécier le mérite de sa femme et, quand la mort vint briser leur union, l'amertume de cette suprême séparation lui fut grandement adoucie par la pensée qu'il laissait en bonnes mains, ses cinq enfants et sa ferme.

Le coup fut terrible pour le cœur de Madame Deramecourt ; mais, elle ne se découragea point. Fidèle à la mémoire de son mari, et tout entière à ses enfants, elle mit toute sa confiance en Dieu, et sentit la force et la tendresse de son affection maternelle s'accroître à mesure que grandissait sa responsabilité.

Oui, elle fut une bonne mère. Après avoir mis son autorité en complet accord avec l'autorité paternelle, elle s'étudiait à la rendre douce, intelligente, chrétienne ; puis, oh ! quelle sollicitude elle apportait à pénétrer le cœur de ses enfants de la crainte et de l'amour de Dieu, à les éloigner de la mollesse et du luxe, des mauvaises compagnies et de toute occasion dangereuse à l'innocence ! quel zèle pour leur apprendre, leur faire aimer et réciter leurs prières ! Il était beau de la voir remplissant encore, il y a quelques années, ce pieux office, à l'égard de ses petits-enfants ! Ne nous semble-t-il pas voir encore son attitude modeste et recueillie, entendre son ton onctueux et pénétrant ? Aussi a-t-elle conservé jusqu'à son dernier jour, l'autorité qu'elle avait su conquérir sur ses enfants et, chacun sait si, dans sa longue carrière, elle a cessé d'en être aimée et respectée, si les soins les plus affectueux et les plus tendres ont manqué d'entourer sa vieillesse. Ah ! c'est que Madame Deramecourt savait ce que la plupart des parents de nos jours ont désappris, elle savait élever ses enfants.

Le Saint-Esprit traite sévèrement le maître qui néglige ses domestiques et déclare qu'il est pire qu'un infidèle. Madame Deramecourt n'a pas mérité ce reproche ; attentive à leurs besoins, sa bonté s'ingéniait à prévenir de leur part tout motif de plainte et à chercher les moyens de leur faire plaisir. Jamais, lorsqu'ils rentraient fatigués de leurs labeurs, ils n'attendirent le repas réparateur ; toujours ils eurent leur part aux fêtes de la maison. Certes, l'âme des domestiques n'était pas non plus oubliée : chaque jour, ils prenaient part à la prière commune ; chaque dimanche, l'assistance à la messe et aux offices leur était recommandée ; chaque année, on s'inquiétait de l'accomplissement de leur devoir pascal. La religion avant tout, ainsi parlait cette bonne maîtresse : Comment me diriez-vous fidèles, disait-elle, si vous étiez infidèles à Dieu, et, d'ailleurs, que sommes-nous, que pouvons-nous, que prétendrions-nous devenir sans le bon Dieu ? Elle prenait donc soin de ses domestiques comme de ses enfants ; elle veillait à ce qu'ils ne contractassent point d'habitudes vi-

cieuses, à ce qu'ils économisassent leur salaire et
surtout qu'ils n'en fissent point mauvais usage. Si,
parfois, la réprimande était nécessaire, elle savait la
faire accepter, par le ton et les précautions dont elle
accompagnait ses reproches ; et celui qui en était
l'objet, sentait que ce n'était ni la passion, ni le besoin
de satisfaire une humeur chagrine qui parlait, mais
bien la charité, l'intérêt de l'ordre et de son bien
propre : et les domestiques se résignaient, se con-
solaient de se trouver momentanément éloignés de
leur famille, parce qu'ils retrouvaient comme une
autre famille, dans la ferme de Beauvois.

Mais aussi, quel ordre régnait dans cette ferme !
chaque personne y avait son emploi, chaque chose sa
place, chaque tâche son heure. Aucun détail n'échap-
pait à la fermière, sa vigilance s'étendait à tout,
rien ne trompait sa prévoyance ou sa mémoire ; elle
encourageait au travail par l'exemple, comme à l'accomplissement de tout devoir. Le repos du Seigneur
était scrupuleusement observé, les fêtes religieuse-
ment célébrées, non-seulement à l'église, mais encore au logis, où, pour que rien ne manquât à la joie,
la table elle-même rappelait la solennité du jour. Car,
malgré l'aversion de Madame Deramecourt pour les
dépenses inutiles, elle était loin de regarder comme
telles, celles que réclament l'honnête entretien d'une
famille et la réception de ses amis. Généreuse en tout,
elle l'était surtout dans les bonnes œuvres, con-

vaincue. dans la simplicité de sa foi, que celui qui
donne, reçoit un centuple. L'église de Beauvois s'est
enrichie de ses dons ; les œuvres si catholiques de la
Propagation de la Foi, du Denier de saint Pierre la
comptaient parmi leurs soutiens, et les pauvres, surtout ceux de Beauvois, en est-il un qu'elle ait re-
poussé ? Et les malades, en est-il un qu'elle n'ai
visité, soulagé ? Spectacle attendrissant ! que de foi
on l'a vue préparant elle-même et portant à domicile
ou ces boissons rafraîchissantes qui éteignent la
fièvre du malade, ou ces aliments substantiels qu
réconfortent le convalescent, ou ces literies et ce
chauds vêtements qui défendent l'indigent contre le
rigueurs de l'hiver ! Enfin, il n'est personne à qu
elle ait refusé ses conseils et ses bons offices, comm
il n'est personne qu'elle n'ait édifié par ses bon
exemples. Je peux donc le dire, puisqu'ici toutes le
bouches le proclament : Madame Deramecourt, c'é
tait la mère de Beauvois ! et c'en était le modèle
C'était, chose de jour en jour plus rare, un de ce
caractères chrétiens, un de ces types parfaits de l
foi et des mœurs antiques.

On peut bien l'espérer, pour elle, la mort est u
gain. Elle a tant prié, non-seulement pour elle
même et sa famille, mais pour tous ! pour la conve
sion des pécheurs, la persévérance des justes, le
malades, les agonisants, les âmes du purgatoire, le
missions, le Pape, la sainte Église de Jésus-Christ

elle comprenait si bien, cette bonne chrétienne, et elle aimait tant tous ces grands intérêts de la gloire de Dieu et du salut des âmes ! Les grâces qu'elle a si persévéramment sollicitées pour les autres, ne seront-elles pas retombées sur elle-même en pluie de célestes bénédictions ? La Très-sainte Vierge, dont elle a si fidèlement et si pieusement récitée le chapelet, n'aura-t-elle pas exaucé sa prière en la visitant et la consolant à sa dernière heure ? Les bonnes œuvres de notre femme forte n'auront-elles pas plaidé sa cause aux portes de l'éternité ? Et ces traits de vertu parfois héroïques, qu'elle n'a pu cacher aux regards de ses enfants, ne sont-ils pas un garant du bonheur des élus, dont elle jouit déjà, dans le sein de Celui qui scrute les cœurs et les reins et qui rend à chacun selon ses œuvres.

Néanmoins, parce que l'œil de Dieu aperçoit des imperfections jusque dans ses anges, nous prierons pour l'âme de Madame Deramecourt, mais surtout nous imiterons dans sa vie simple, droite et pure, l'admirable chrétienne qui vient de s'éteindre ! Puisse son exemple nous apprendre à tous comment on passe ici-bas en faisant le bien, pour arriver au ciel où Dieu accorde la récompense !

Arras — Typ. Vᵉ Rousseau-Leroy.

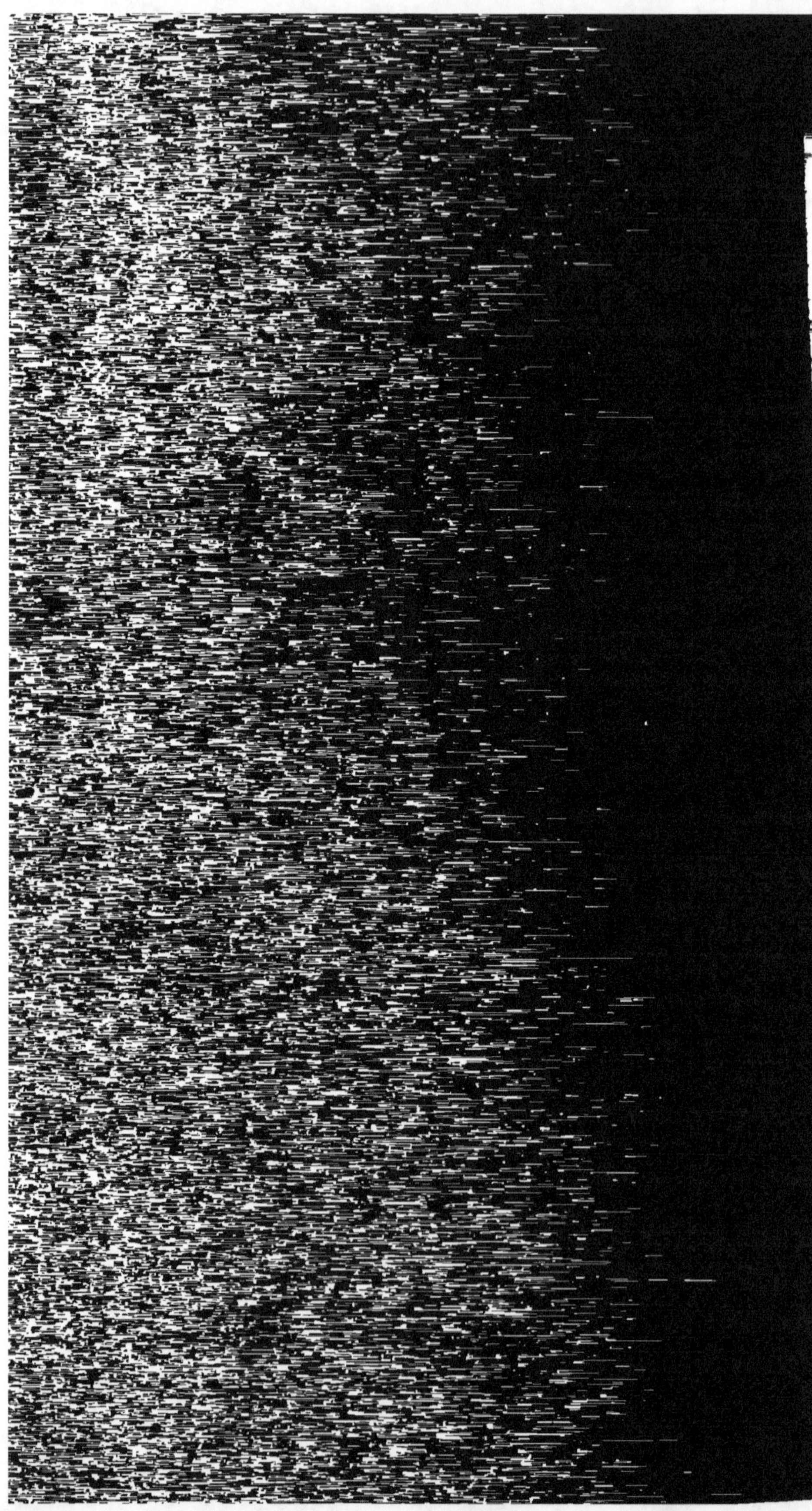